FIM DA TERRA

FIM DA TERRA

1ª edição | São Paulo, 2021

Rodrigo Petronio

LARANJA ● ORIGINAL

Dedico este livro à memória dos que sucumbiram e a todas as ilhas futuras que sobrevieram à Extinção.

A Terra sonha ser invisível.

Rainer Maria Rilke

Neste livro de pedra estudo a língua intemporal.

Arsenii Tarkovski

En su húmeda tiniebla vida y muerte,
quietud y movimiento, son lo mismo.

Octavio Paz

Como pode um coração absorver
tanta matéria, tanta inocência da terra?

Herberto Helder

Devo beber um gole
e, com isso, sentir descer ao coração
a insuportável misericórdia
por todas as coisas, como uma brisa sutil?

Alexandr Semiônovitch Kúshner

SUMÁRIO

Gravidade e graça...11
Queimamos a vida para ganhar a vida.................................13
Terra: azul...15
Segundo..21
Fomos feitos de mato e abandono e esquecimento.............22
E então as faces emergem das savanas................................23
Cidades...25
Manual..27
Ressurreição...29
O meio do caminho...31
Sol não é o sol..33
O poema comum...35
A última inocência...38
Eu me coroo de luz para que um deus................................39
A palavra não é o meio da luz..40
Tatear formas primeiras...41
Omama..43
Borda do mundo..44
Solar...46
Caminho na fronteira..47
Quadras circulares...49
Atlas..51
A lama entra pelas janelas...56
Cristal..60
Quando a paisagem se confundir com o gesto...................63
Outro...65
Constelações..68
Quasar...70
Retrato..71
Ele pode estar aqui..72
Finis Terrae..74
A última face..78
Entre Terra e Fim...79

GRAVIDADE E GRAÇA

Entre o peso que desce
E o peso que se eleva
Caminho e abro espaço
Entre estas pedras.

Entre a mão que prende
E a mão que liberta
Uma chaga e um punhal
A face cega.

Entre o que fora ilusão
E agora devém e se transforma
O prisma escuro do cristal
Enfim aflora.

O vazio inaugural me oferece
A clara transciência desta hora
Os poros-poeira das estrelas
Gota a gota.

Entre a graça que fere
E o peso desta brisa
Nada do que é vivo se completa
Nada do que é vivo cicatriza.

Os astros emergem
Canta o húmus de meu corpo
O vento anima o humano
Sopro a sopro.

Entre o peso que eleva
E a leveza que condena
Recolho cada instante
Em um livro de areia.

Entre o peso de uma pluma
E a graça de um Deus morto
O amor dissipa a alma
A alma aniquila o corpo.

Entre a face que se oculta
E o fogo manifesto
A graça circula por meu sangue
A gravidade cria o alfabeto.

QUEIMAMOS A VIDA PARA GANHAR A VIDA

Queimamos a vida para ganhar a vida. Uma vela se queima em nome da luz. E assim é: não há como captar a vida sem perder a vida. A vida sem perda é uma estátua entre peixes. Um precipício para os falcões e outras formas minerais. Não há vida sem a morte gotejando nos porões do corpo e correndo lúcida pelos canais do ser. Assim vida e morte se unem, assemelham-se e se espelham. Nas formas esparsas, tateadas tateamos aquém da neblina. O farol ilumina a linha de um horizonte meus passos não o alcançam. Restam meus mortos, a substância mais precisa que me enforma. O tecido desta pele em combustão rumo a um milênio previamente extinto dentro das estrelas infinitas. Os carros, os cães, as ervas, daninhas e passageiras, os vaga-lumes e o murmurar de um rio sem nome. Tudo isso pertence aos instantes que me pertencem. Todos os meus instantes pertencem a um mundo que não me pertence. Em rotações lentas, capturo o grito, a agonia, o desencanto. Bolas de fogo saem das mãos de uma jovem em revolta. O atrito dos capacetes e dos escudos contra os corpos seminus ouvido do espaço. O movimento sincrônico de balas e de bombas captado por drones estelares e servido como adubo às mentes fatigadas do metrô. E a beleza de uma idosa entre tantas, vagarosa e reclinada em sua blindagem de crochê. Essa beleza também faz parte dos circuitos de fogo e água drenam nossas células e fazem correr nosso sangue no asfalto em câmera lenta. Imagens me vêm de longe. Fagulhas de mísseis e fósseis com a carne ainda tenra se desprendem dos ossos, âmbares e brancos, um punho ou uma esfera. Os muros caiados se devastam contra o azul enquanto o senhor de ébano ouve seu gramofone em meio às ruínas. Alguns pedaços de crianças se espalham sob o branco celeste das pupilas, a poeira branca forra os brancos ebúrneos de Aleppo. O rosto é tranquilo. Tranquilos os olhos perscrutam todas as camadas da morte. Tranquila a taquigrafia dos cristais. Tranquilo todo humano, abandonado ao absurdo, finalmente compreende: a centelha da esperança sempre traz em si o germe de seu aniquilamento. Não estamos prontos para o amor. E não estamos prontos para a completa perversidade. Esse limite divide a alma em duas metades e ateia fogo na arena onde corre o sangue de todos os inocentes. A inocência é o arco tensionado entre um gesto inacabado e a palavra arremessada ao além-sentido. A partir dessa fratura erguemos impérios, reinos, civilizações, catedrais. Nossa frustração é saber: a miséria é nosso sucesso, não os galhos vergados das costas de uma mãe que vela o filho com uma bala perdida no crânio. Escrevo como quem fenece e expira. Como quem se abre em uma manhã de maio entre lilases e o albedo. E sem querer descobre: tudo não passou de ilusão. A chaga mais preciosa não nos conduz à fé. A dor mais fundamental é o alimento da liberdade, não da crença. O chamado instila em nosso coração a ausência absoluta de Deus. O chamado nunca nos guiou para uma salvação, presente ou futura. Chamar e semear o silêncio meridional dos pássaros. Chamar e semear o inverno. Chamar e recolher os bulbos prenhes da Terra.

TERRA: AZUL

I

A respiração da Terra é o que respiramos. O húmus da Terra é meu corpo à espera do seu corpo em um quarto de Chinatown. A espessura do fruto é o plasma da Terra. O corpo de deus é o corpo vivo da Terra em contrações. O beijo do primeiro amor traz em si a lembrança do beijo do amor futuro, em uma esquina do tempo, entre a constelação das folhas do quintal e os bichos que iluminam o cio da Terra. Toco o corpo de sombra a carne o amor sempre eterno e sempre prematuro – carne e corpo da Terra. Os fios de magma e as marcas nas calçadas nos entrelaçam. Tramam a relva e o continente. Digo eu. Digo você. Digo distância. Incapaz de criar um novo alfabeto divino ou humano. O fluido de um corpo encontra outro corpo quando a Terra dorme. Amo seu rosto. O pássaro perdido ancora na antiguidade de galhos recortados contra um céu imparcial e benéfico. O pássaro é pássaro e também é o fogo insustentável da Terra em sua ascensão serena rumo ao sol. O sol busca o norte do tempo. E ao acaso seu rosto emerge em uma foto antiga. Durmo. E quando durmo atravesso todos os animais da Terra. Eles crescem como estrelas e corpos estranhos à fauna celeste. Multiplicam-se pelos poros anônimos do sexo. Andamos pelos mesmos caminhos, como se fôssemos mortais e como se os animais queimassem nas faúlhas de luz e nos órgãos da cidade aberta. Quando a distância se cicatriza, uma galáxia se abre entre mim e você. O espaço se multiplica em frutos, raízes, bagos negros fincados na origem terrena de nosso amor. Se perco você em um labirinto de imagens, renomeio a água e batizo novamente as palavras. Coração terreno dos sons que articulamos no interior da noite inacabada da Terra, primeira noite de nosso amor. E quando caminho sozinho, caminho apesar do caminho, atravesso a argila escura dos espelhos e cruzo a Maison Street em direção ao porto: em direção a seu rosto esculpido em pólen e silêncio. O rosto de água antiga transido pelas plantas escoa em direção ao futuro que sou e serei. Não sou o que sou. Serei o que serei. Quando encontro no espelho de pedra o céu essencial. Quando sou o sonho de eras fluindo veloz na esfera clara da carne e da alma abandonadas desde a infância dos cristais. Quando sou o que sou porque leio em seu rosto a linguagem de todos os seres que despertam dentro da Terra e da morte. Quando retorno do espaço extinto. Quando acordo tangendo seu corpo sem duração. Quando tudo são cartas embaralhadas dentro do sonho. Quando me vejo face a face com a Terra. Quando chego ao limite de um mundo transposto pelas vozes velozes e um acorde noturno nos desperta. Quando toco as formas redondas da manhã: desenho a Terra, seus ciclos submersos, pontos infinitos onde o espaço se concentra em cada ponto infinito e atual do tempo que sou. Chego ao fim. E sempre estiveste aqui. Dentro, ao lado, acima, ao redor, em constante metamorfose pelos canais transparentes do ser. Quando toco o fim da Terra durante o voo, a Terra desaparece. Estamos aqui. Unidos nos halos sem margens e nas franjas finitas da luz. Quando atravesso a Terra e transponho seus confins, vejo seu rosto em um espelho convexo. Estamos em nosso primeiro nascimento. Estamos trançados, crianças em um quintal esquecido do fim do mundo. Anjos do fim da Terra. Em meio ao mato, aos risos, aos cães, às urtigas e às casas perdidas em um horizonte do mais pleno abandono e esquecimento. O norte e o sul profundos se encontram. Estamos no olho da água, impermanentes, desde que o tempo começou. Estamos dentro da estrela. E dentro da dama-da-noite sorvemos o orvalho da manhã.

II

Um dia na vida das plantas é uma era. Um movimento de braços sustenta a queda do céu. Um passo inscrito entre minerais atravessa éons. Uma gota de sangue tinge a folha da Terra. O deus não se move em sua solidão. Vivo e morto, circula a vida e a morte pelas espirais diurnas do sexo. Um rastro de répteis e o eco da primeira língua em nossas células. O ritmo indeciso das aves trama a primavera. A crepitação da Terra, a alma se precipita sorvida por escafandristas. Estou no quarto abandonado dos meus avós. As trepadeiras irrigam a carne ancestral da casa caiada de azul. Uma melodia escapa das cinzas e asas em migração. Um som se propaga pelas veias e pronuncia meu primeiro nome. A luz elementar erra no ventre de cristal quando nada mais sustenta a vida humana sobre a Terra. Um movimento não é a soma das partes. Uma parede não é um obstáculo à perfeição. Uma parede é uma parede ao longo do tempo em sua espessa duração. Uma distância entre dois rostos e entre dois olhos. Uma distância nunca é a soma de duas distâncias. Uma distância é sempre o infinito que se manifesta entre dois corpos. Uma distância é a curva integral de infinitas solidões. Uma fagulha de carbono há catorze bilhões de anos não quer ser universo. Não aspira à vida. Aspira apenas ser. Quando a sombra se dobra no interior da luz o tempo expande o espaço e se converte em espaço e difração. Uma alma não é uma alma. Mesmo quando surge na gênese dos dias uma alma ainda é esterco: raízes enormes constelam novas luzes no escuro da carne de magma e sangue. Os dedos em leque buscam apalpar a cabeça, o pincel, a claridade. Tentam captar as fases e ritmos fugidios do corpo durante o amor. Porque uma palma não é a soma dos dedos nem a conjuntura cifrada de uma mão. Uma palma circunscreve um rosto onde a estrela e a poeira conflagram os seres de hélio e de hidrogênio. A origem do rosto não está em uma curva do tempo ou da infância e tampouco na forma indecisa do pincel. A gênese de um rosto é a gênese de uma estrela em expansão. O hidrogênio e o hélio se constelam no rosto a cada novo sorriso, a cada nova forma inaugurada no carbono ao longo de eras e eras pelo lampejo de relâmpagos no interior da Terra: um rosto é uma estrela em extinção. Uma bactéria não é uma bactéria. Constante infinita imersa no protoplasma da vida. Constelação de células do espaço e em todas as direções do tempo e do céu. Tudo isso não é a vida. A vida não é a vida como a supomos aqui, ali, além, em outra dimensão. A vida em toda parte se sustenta e se multiplica e nunca termina. Uma folha e uma libélula suportam o ar escasso. O movimento as movimenta. Nada movimenta o movimento. Não existe nada fora do movimento. A luz refrata as asas e os tubérculos pascem a luz desde a inocência. Os filamentos vegetais envolvem toda a Terra como uma placenta. O rosto busca a luz e busca a sombra desde os tecidos sanguíneos da memória, desde o plasma do rosto e das membranas onde o olho ainda não nasceu. Busca a luz, busca a Terra, rostos feitos de luz e

Terra e fuligens de metal e poeira de lábios de uma estrela extinta. A água não é a água. A água não é a forma das moléculas. A água é o sangue azul que sonha a vida de minhas células. A água sonho azul do caule das veias e dos juncos e dos violentos espasmos de espuma da manhã e do orvalho. O pênis, o cu, a boca, a vulva, a uretra, os olhos, as orelhas, os poros. Todos os orifícios da Terra vazados e atravessados pelos rios, oceanos, córregos, esgotos e caudalosos jorros de alegria e de luz. A água não é a água. A água é gestação e espera. A água, sonho das estrelas, sêmen das estrelas, esperma do sol e fogo da manhã. O corpo não é o corpo. O corpo é uma estrela viva e uma estrela morta em ressurreição. Azul. O pão diurno distribuído pelas ruas. Uma visão de um deus no escuro. Atravesso El Camino Real rumo a Oakland. Cheiros de corpos e murmúrios de índios em minhas narinas. Ainda é cedo para medir a exatidão do corte e a carne que ressoa dentro das roupas. O sangue percorre o sol, os testículos, o inverno. Sempre vivemos nesse campo esquecido pelo sangue das gerações. O amor se renova e circula pelas veias abertas dos carvalhos e pelas sequoias nas placas da Terra. Os olhos dos cães simplesmente olham a morte através das urtigas. Não estaremos prontos para a liberdade enquanto a culpa não pousar sua flor matutina em nossos ombros? A mulher de feno carrega suas sucatas dentro do Ônibus 22. Um andarilho negro se cobre com um vestido sujo de noiva no meio-fio. Conheço a pele e o fulgor. Conheço a cicatriz e a delicadeza desses pequenos botões adormecidos em uma estação entre os trilhos. Mortos rumam em direção à morte. Voam para sua primeira gestação. Eles me atravessam em pleno meio-dia. Eles me iluminam em plena luz.

III

Lampejos de um céu azul deambulam além do céu e entre os dedos. O sangue pulsa entre os ciprestes, arde azul e frio em uma constelação aérea de prédios e finalmente repousa na ponta desta caneta. O céu além do céu está aqui. Quer dizer: entre. Tudo o que existe, existe entre. Abro este mar em círculos concisos, de infinito a infinito em uma circulação serena. O céu azul não é céu nem azul e nem mesmo azul ou céu. O azul é um diagrama de luz e o céu é um hiato entre o olho e o infinito. O azul e o céu não são o azul e o céu. São uma figuração perdida entre bilhões de pedras invisíveis onde a grama cresce e o ferro expele o odor acre da aurora. Nunca tocarei o azul e nunca tingirei esse céu com meu sangue anônimo. Não posso imaginar que trilhões de sóis e de galáxias caibam em quatro sentidos ou nos quatro ventos do poente ou nos quatro pontos cardeais do coração. Sou um poço, uma garganta e uma foz para onde escoam as sementes sopradas pelas estações. Não chegarei em tempo para a salvação: é preciso perder tudo para tocar a inocência. Preciso atravessar todos os umbrais e a pedra pura, a pedra de luz, um animal de tempo e um silêncio ainda vivo.

IV

Este caminho pode ser um vegetal. Este vento pode ser um hímen. Esta pedra lisa pode ser um olho ou um canal por onde escoam poeira e luz. Esta mão pode ser uma parte do espaço. Este animal pode ser um cão ou pode ser a esfera de dez mil órgãos e seus acordes nas sinfonias da matéria e do tempo. O universo é o tecido e é o organismo de uma divindade morta e se expande na velocidade da luz. Um organismo infinito de membranas infinitas. Extrai da morte mais luz e mais espaço e mais tempo para gerar novos horizontes para o amor. Por isso esta rua pode ser uma linha. Um inseto na topologia dos mundos contidos em um olho d'água. Este espaço entre meu corpo e o seu corpo é um espaço de amor e não o espaço do vácuo entre cordas. Vinte mil quilômetros nos unem em uma casa do passado, um país de animais nus e liberdade. Esta mão que escreve pode ser aquela mão infinitesimal replicada e repartida na probabilidade de mundos que ainda não se realizaram. Os humanos escrevem quando caminham sozinhos; sonham e dormem recortados contra palmeiras. Este poste inclinado na esquina da Ramona com a University é uma lua inclinada em um lance de olhos do amor – uma torre de neblina em espirais subindo em direção à morte celestial. Esta camada da pele se abre: uma navalha pode ser o sulco do tempo e a voz de índias gestantes e abatidas. Esta pele é sempre a pele de hoje e a sombra da pele dos deuses. Uma nostalgia da Terra dentro do ventre do sol.

V

A forma pura do desejo: só isso tenho de humano para celebrar minha solidão. Caminho entre velhas vidas e novos mortos. Não retenho o enigma de cada face descoberta entre edificações. Recomponho a chama em chama, devolvo ao grito o sentido primeiro de ser grito. E em tudo isso nenhuma revolução ou promessa. Apenas a gravidade e os passos de volta para casa. Tateio uma origem entre escombros e lembranças vagas da constelação celular: o passado de meu corpo. Um arquipélago de vozes e matizes deambulam nas infinitas granulações do sol, do orvalho e do sêmen. Envolto em uma paisagem extinta, as roupas tremeluzem nas janelas. Prenunciam minha sede dividida. A forma do cristal não projeta suas raízes dentro dos pulmões. A porcelana contra as paredes partidas do quarto da infância. Microrganismos de amaranto e populações de qualia em um dos confins e dos charcos da Terra: nasci. Cada célula em sua milenar revolução é digna de ser vivida sob as tonalidades do sol e o céu de abril. Ouço palavras de outras eras, ruas e ervas disputam o deserto das estátuas contra o poente em tons furtivos. É preciso retomar o caminho em direção à morte. É preciso desviar das planícies e colher o grão mais hostil abandonado pelas margens das campinas.

SEGUNDO

Um dia na vida do universo é um segundo no universo de uma vida. Um sopro em um instante de um dia é uma chama no horizonte de um instante. Uma chama do universo é uma sombra de uma vida em um segundo. Um dia do universo de um segundo é uma vida na vida de uma chama. Um horizonte é uma vela. Uma chama no horizonte do universo é um sopro na chama de uma vida. Um instante do universo é um instante de uma chama. Uma chama no horizonte é um universo. Um sopro no horizonte é uma vida e um segundo. A chama eterna do universo é a chama eterna de um dia. Um sopro na vela é um horizonte. Uma chama de vida e de instante. Um sopro de uma vida é a chama eterna do universo. Um instante. Um sopro de vida no horizonte. Uma chama. Um universo. Um primeiro instante. Um segundo.

FOMOS FEITOS DE MATO E ABANDONO E ESQUECIMENTO

Fomos feitos de mato e abandono e esquecimento
Dentro do ventre de uma estrela aberta em duas abas
Dentro do ventre de duas índias geradas pela selva
Fomos feitos um pro outro de amor de cinza e de nada

Fomos feitos de fagulha e dessa centelha de indigência
Dentro da constelação mais escura e apagada
Dentro de vagões suburbanos cicatrizes imemoriais
Fomos feitos de poeira de terra e de sombra acasalada

Fomos feitos de tempo quando o tempo ainda não havia
Dentro do âmbar que a chama desperta com uma espada
Dentro da eternidade de vozes repetidas e poemas
Fomos feitos demiurgos de argila de silêncio e de prata

Fomos feitos dessa matéria flutuante das estátuas
Dentro da pele e da carne onde a Terra se protege
Dentro de cada grão em desterro desta deserta via-láctea
Fomos feitos de judeus holandeses gajos do Nordeste

Fomos feitos a ferro e fogo e sangue na clareira de animais
Dentro de um planeta que ainda aguarda ser gerado
Dentro de nossos corpos na nudez da rua em movimento
Fomos feitos do elemento de um deus que nos tem sonhado

Fomos feitos como o corpo dessa indiferente divindade
Dentro da escrita desta água e de seu sopro redentor
Dentro da linguagem e das formas mais simples desta vida
Fomos feitos um pro outro de cinza de nada e de amor

E ENTÃO AS FACES EMERGEM DAS SAVANAS

E então as faces emergem das savanas
Os besouros migram para a grande cópula celeste
Os irmãos se dissolvem dentro de um sono comum
E as pedras se reproduzem no amor primevo das pedras
Tento planar e intuo apreender os desenhos do arquiteto
Não posso não consigo minhas mãos são pedras e pedras são formas
São meios pelos quais a geometria mata o alfabeto
Quem das galáxias remotas pode sustentar minha respiração?
Quem sobrevoa o corpo cheio de moscas que caminha pela tarde?
Quem nomeia a vida e o universo e o deus antes do deus da vida do
    universo?
Quem manipula os manequins dentro da noite?
Quem joga o xadrez das contas pretas e brancas, entre a morte e a
    morte?
Em meio aos fios da consciência e a linguagem dormente das plantas
Apenas a noite pesa seu corpo e verga minhas costas
Apenas o sol consome minha carne de pura epiderme
Antes mesmo do verbo ter vindo a ser verbo
Os bonecos sonâmbulos distribuem seus pães e carestias
Os humanos distribuem seu ódio em orações
E Jesus renasce das gotas de saliva em uma caixa de concreto
E Maomé me acena dentre as grades sem fundo de uma cadeia
E Javé se revela nos hologramas circulares da internet
E o nirvana vem em ondas e nuvens enquanto o corpo glorioso e
    virtual devaneia entre orgias de espectros
E todos os rostos uma constelação uma rosa em um espaço aberto
A ignorância ainda se alimenta de presunção?
O mundo se tornou velho demais para a verdade?
Quanto de amor anda existe em nossa renúncia?
Quanta dor de uma mão que se estende a outra mão e perdoa?
A caridade continua lavrando as searas de Narciso?
Quem ainda persiste nas perversões sem fim da pureza?
Quem ainda acredita que a culpa nos conduz à redenção?
Nada resta de nada cinzas desbotadas da memória

Esta circulação de linfa e sonho pela ruínas das casas
Esta hipoteca do futuro em cada poro de minha pele
A pura apostasia de um monge em combustão
Dentro do tempo o cristal do tempo
As linhas de uma estrela e de um astro
Atravessam as sombras traçadas entre a figura e a fome
Uma mulher se curva sobre a folha do rosto de sua filha morta
E nota a nota o sangue se consuma em sangue
E as portas se abrem aos horizontes futuros do sem-nome

CIDADES

Vamos para a cidade. Uma das imagens mais fortes da minha infância desperta no interior dessa frase. Quando minha mãe a pronunciava da janela dos predinhos, em dois passos eu transpunha a escadaria de quatro andares e corria para o banho, para limpar o corpo suado e as unhas cheias de terra. Minha vista diurna, das janelas, a Serra da Cantareira, o morro Guapira, as casinhas lineares do Jaçanã, uma ave de peito vermelho, soube depois. O peito cortado pelo voo e a queda deram origem a um povoado. Meus caminhos diurnos de mãos dadas com minha mãe eram bem distantes e diferentes. Eram os labirintos agudos do centro, o Banco do Brasil, a Rua Direita, o Paissandu, o Mosteiro São Bento, o Edifício Martinelli, o ziguezague preto e branco das calçadas drapejadas pela multidão de pernas e sapatos e rostos armados como buquês em meio aos quais me diluía, silencioso e mínimo. Mãos, relógios, passos, paletós, o frêmito voraz de uma geometria coreografada. Arranha-céus, bocas, casacos, relógios, nuvens se formavam sobre nossas cabeças e a corrida para debaixo do toldo da doçaria portuguesa. A periferia e o centro de São Paulo foram meus caminhos de Guermantes e de Villeparisis. Quando não estava jogando bola, correndo, brigando ou destruindo algo, inebriado de alegria feroz e infantil, esparramava meu corpo pelo chão da sala. Horas de travessia lendo enciclopédias de astronomia e de antropologia, compradas por meus pais em fascículos de bancas de jornal. O globo azul de Neil Armstrong. O pálido ponto azul de Sagan. A imensidão escura de sondas e telescópios em uma resolução dos anos setenta. Os rostos negros, vermelhos, marrons, brancos, pretos, azuis, crisântemos, multicoloridos, furta-cores, rostos emergindo de paisagens e países nunca supostos e nem imaginados, tão improváveis quanto reais. Pela primeira vez descobrira algo aterrador: o tamanho do mundo. Um mundo vasto, colorido, de horizontes infinitos como as cores infinitas dos rostos de gente que eu imaginava real, ao acesso das mãos e dos lábios. Um universo vasto. E o espaço granulado de luz na noite vazia, sem deus e sem deuses. Um universo silencioso e vazio, salpicado de sardas da Calábria, de mantos vermelhos do Nepal, de peles escuras da Oceania e das profundas peles do Mali. A vastidão azul escura tecida de vaga-lumes em minhas primeiras viagens pelo cerrado. A imensidão escura da noite pontilhada de lusco-fuscos vistos pelo curral, a bosta de vaca nos joelhos, em uma fazenda no interior de uma pequena cidade do interior do Brasil. *Urbi et orbi*. A cidade e o globo. Nunca me esquecerei desses acontecimentos na vida de minhas retinas. Quatro palavras nomeiam meu mundo: a fronteira, o infinito, o horizonte, o anonimato. Essas palavras fundam tudo o que sinto e tudo que sou e tudo o que ainda possa vir a ser. Atravessar a fronteira e ir para a cidade, de mãos dadas com minha mãe: habitar dois mundos. Transpor um umbral: sair da periferia e ir ao centro, para depois retornar à liberdade selvagem dos meus amigos. Ir para a cidade era também deixar de existir. Imaginar-me invisível, dissolvido, pedra pequena, preta e branca, anônima, no calçamento, pisada por dois mil pés e lavada pelas trombas d'água do verão. Depois de um dia exausto de tantas aventuras e de tantas maldades inocentes, repousar a barriga no tapete felpudo e atravessar outra fronteira. Cruzar a linha de um céu apagado. Adentrar o ponto azul, flutuando, leve e sem rumo, em um espaço virtual e ilimitado. Dezembro. O horizonte verde se abria pelas janelas do banco traseiro do Fiat. Os prados intermináveis de ruminantes e de pastos. O pressentimento do cheiro molhado das meninas do campo. A minha cidade: um espaço selvagem, a periferia, a liberdade, a violência. A minha cidade: a travessia, rumo ao centro, onde eu desaparecia por algumas horas. A minha cidade: um país sem lei e sem nome, com meus tios picando fumo no quintal embaixo do abacateiro no alpendre da fazenda. A minha cidade: um planeta azul, um ponto hesitante e trêmulo que se dissipa nas areias infinitas de luz. A minha cidade: as bandeirinhas de junho e a fogueira abrindo o negrume em um vórtice. A minha cidade: grão em meio a grãos que vão e vêm, se dilatam e se recolhem, desaparecem e ressurgem, amplificados, todas as noites, em um horizonte iluminado e sem fim.

MANUAL

Uma mão. Cinco dedos. Um milagre.
A explosão de uma estrela:
Um olho se abre – uma constelação.
Nada mais extraordinário.
O olho não existe para ver o sol.
O sol existe porque existe o olho para vê-lo.
O olho não existe para ver o sol.
O sol existe para fecundar o olho.
O olho não é a consciência do homem.
O olho é a consciência que o sol tem de si mesmo.
Sem o olho o que seria do sol, da luz, do espaço?
O que seria da mão? Cinco dedos.
Um macaco digita as obras de Shakespeare.
Isso não é um milagre – isso é o acaso.
Mas e a minha mão? Os seus cinco dedos?
Minha mão de humano.
Minha mão de macaco.
O anular, o olho vazio, os pelos.
O macaco e eu. Minha mão e a dele.
Nada mais extraordinário que um macaco.
O meu olhar vazio e o seu olhar vazio.
O macaco e o sol – meio a meio.
Não haveria sol se não houvesse o olho.
Eu não haveria se o macaco não houvesse.
Face a face – eu me leio.
O meu olho, o macaco, o sol.
Meus cinco dedos – um milagre.
Deus, acaso, alma, natureza, o diabo.
Na verdade nada disso existe.
Existe apenas o sol, meus olhos, o macaco.
O sol é um milagre.
O mundo é um milagre.
O macaco é um milagre.
Nada mais que um milagre nossos dez dedos.

Eu vejo o macaco e vejo um milagre
Quando olho para o sol e para o espelho.

RESSURREIÇÃO

O executado não morreu.
O executado havia morrido antes da execução.
O executado fora executado no começo do mundo.
O executado apenas esperou uma eternidade inteira para assistir à sua própria execução transmitida via satélite.
O executado nasceu executado.
Os pelos de suas orelhas, seu sexo e seu cordão umbilical.
O executado estava executado no ventre de sua mãe.
O executado apenas esperou pacientemente uma vida inteira pela sua execução.
O executado fora executado quando criança, jogando bola e olhando as calcinhas das meninas.
O executado nunca pensou sobre a sua execução.
O executado gastou uma vida inteira se ocupando da vida.
O executado não notou que se aproximava a sua execução.
Porque o executado é um detalhe, um lampejo, o ululante óbice à execução.
Porque o executado estava executado.
Dentro dos trens que cruzam os desertos da Mongólia.
Dentro dos cardumes humanos da China.
Dentro dos pântanos e lodaçais do Brasil.
Dentro dos esgotos abertos do Zimbábue.
Dentro dos metrôs vazios de nossa tristeza.
Dentro dos quartos constelados da solidão.
Dentro das masmorras de Cuidad Juarez.
Dentro das palafitas de Habana Vieja.
Dentro dos puteiros infantis de Recife.
Dentro das fábricas de estrume do Vietnã.
Dentro das cavernas de ouro sem sol.
Dentro dos vagões de olhos e peles traficadas.
Em todos os tempos e espaços o executado estava executado.
Porque o executado fora executado desde o começo do tempo e do espaço.
O executado não é o objetivo da execução.

O executado não passa de um nome.
O executado displicente sequer percebeu que chegava sua hora.
O executado caminha e flutua executado pelas eras.
O executado se propaga sonâmbulo atravessa o limiar dos séculos desde que fora soprado amorosamente por Deus no coração da primeira argila.
E assim caminha o executado – executado para sempre.
Por isso o executado não morreu:
Continua executado pelo futuro afora.
O executado não fora morto na execução.
O executado é apenas o lixo da execução.
Para salvar o executado de sua própria morte basta embrulhar seu corpo em um saco plástico e jogá-lo fora.

O MEIO DO CAMINHO

O meio do caminho não é o meio.
A alternância entre flores em florações.
O meio do caminho é o meio.
O meio por onde caminho.
O meio do caminho não é o meio.
Intervalo entre o passado virtual e o futuro findo.
O meio do caminho é o meio.
O meio pelo qual o vinho se faz vinha.
A luz desperta da papoula e a fonte cicatriza.
O meio do caminho não é o caminho.
Realizo o claro destino da chuva.
Os cabelos crescem dentro da noite.
A pele se macera em granulações.
Rumo para um horizonte sem terra, céu ou testemunha.
O caminho se cumpre às avessas.
O meio-dia abre o copo das acácias.
A luz multiplica seus grãos, distribui seus dotes.
O caminho não é o meio do caminho.
O caminho não é o caminho do meio.
O meio do caminho não é o instante eterno.
Nem os deuses negativos da memória.
O meio do caminho não é o caminho do meio.
Nem a flutuação sem corpo.
Nem a alma entre duas sombras.
Nem a harmonia imortal do eu desprendido da Terra.
Como colher o fruto reticente da amargura?
Como definir o sentido e o não-sentido?
Como fixar vogais rarefeitas de uma vida em extinção?
Quem nos toca e quem nos ouve para além do espaço-tempo?
O caminho é o meio e é o caminho.
E ainda assim algo permanece contra as silhuetas
E sob a forma de um deus regressa sem respiração.
O meio do caminho é o meio.
O puro meio sem fim e sem começo.

Passos hesitantes me lançam à outra margem.
Desvendo o enigma sem nenhum enigma.
O meio do caminho não é o caminho do meio.
Como escolher entre o branco e o vermelho?
Como não amar a flora e a fauna que flutuam nesse infinito nada?
O meio do caminho e a lenta consumação da aurora?
O fim da longa ilusão dos muitos que se fazem um?
O meio é a infinita disjunção.
O universo em entropia em direção à morte:
Um trilhão de anos: agora.
Um trilhão de anos-luz: aqui.
O meio do caminho é o meu caminho.
O fim de cada passo quando se chega ao fim.
O fim de todos os caminhos é o meio.
O meio de todos os caminhos é o caminho real.
O meio não existe nunca por inteiro.
Os caminhos são meios infinitos.
São meios sem contornos – o corpo e a alma ausentes.
São os meios e os mundos que habito
Enquanto o sal da Terra me sustente vivo.

SOL NÃO É O SOL

O sol não é o sol
Nem o meio da luz
O sol é o meio vivo
Onde a luz gera a luz

A luz não é a luz
Nem o meio de si mesma
A luz é o meio vivo
Onde a luz destila a estrela

A estrela não é o astro
Nem o meio do astro
A estrela é o meio vivo
Entre a estrela e o espaço

O espaço não é o tempo
Nem o meio do tempo
O espaço é o meio vivo
Onde o tempo se faz tempo

Um ponto não é um ponto
Nem o meio da circunferência
O ponto é o meio vazio e pleno
Uma infinita presença

Todo ser é um meio
Seja o sol ou a estrela
Seja o espaço ou o tempo
Seja a lua minguante ou cheia

O universo é um meio
O ventre onde tudo vive
Trilhões de pontos de luz
Trilhões de estrelas livres

Não há começo nem fim
Não há futuro ou passado
Há trilhões de meios vivos
Geradores e gerados

E nesse horizonte de eventos
Todos os seres existem
Eternos no espaço-tempo
Infinitos em seus limites

O POEMA COMUM

É imperativo escrever o poema comum,
O poema de uma mão comum,
O poema que nasce das línguas nasce das pedras,
O poema das cinzas nasce da Terra nasce do ventre e da placenta vegetal do sol,
O poema comum das falas comuns e das estrelas circula entre carros buzinas,
Os planetas em sua dança submarina os corpos boiando rumo ao esquecimento,
É imperativo escrever a vida comum,
O poema-vida a relva o tecido a trama de espelhos e vozes,
O poema comum os satélites circulam no sangue e atravessam o sonho das marés,
O poema sem fim,
Uma mão em direção a outra mão,
Um olhar cruza outro olhar em um horizonte de morte e neblina,
Onde astros ensaiam a penúltima espuma e Afrodite surge das profundezas e morre envolta em sol em diesel em fuligem,
Caminho pelas veias e ruas comuns do poema,
O corpo vivo do poema me convoca ao emaranhado de seus poros,
A caminhar pelo corpo atravessar seus intestinos circular pela morte e beber as folhas físseis os insetos de âmbar,
Caminho humano pela eternidade destas fagulhas dessas vozes vivas circulo entre as fissuras do dia,
Caminho planta mineral animal anônimo e comum caminho nu caminho em direção à morte,
Caminho rumo ao horizonte de um futuro extinto,
As carcaças dos caminhões boiam no deserto azul de areia e ossos,
As carcaças das crianças flutuam no deserto vivo de uma cidade em chamas,
Aleppo é a seta de sangue vista por Montale um avião em pane um rebanho de nuvens alinhadas às botas dos soldados,
Mossul é uma mesquita em chamas dentro do poema o poema um corpo em decomposição pregado em um poste de luz,

E eu vejo sombras e crianças e cardumes humanos acenando para o
 drone de trezentas balas por minuto,
Enquanto caminho em direção ao mar em busca do poema comum
 o poema imperativo,
O poema aberta flor hesitante e trêmula sob o azul vazio da Terra,
Quem batiza nossos carrascos de argila e sono?
Quem decifra os sinais e as cifras desse ar de chumbo?
Adejam pássaros em meio ao poema comum e em meio a pedestres,
Dissipamo-nos e deixamos em um lapso de ser tudo o que um dia
 fôramos,
Multiplicamo-nos e viemos a ser tudo o que jamais sonháramos,
Enraizamo-nos e nos transformamos na vertigem clara e transpa-
 rente de uma tela anorexa,
Penso que cheguei,
Indago as faces milhões me olham das molduras de algoritmos,
Sopros se multiplicam em vozes,
Corpos se subdividem em corpos,
Granulações de faces se infinitizam em granulações de faces,
Implode uma estrela de silício bilhões de nano-humanos dançam
 em microespelhos e mônadas e meios e mundos virtuais,
A areia se esfacela na porcelana digital de um templo luminoso,
O poema comum não é um poema da origem,
O poema comum não é um poema aberto ao futuro,
O vento impelindo o anjo contra as ruínas às nossas costas,
Não sei o que será de mim de nós de tudo no fundo sem fundo
 desse abismo,
Na viagem vertical em direção ao poema comum,
Quando aceitarmos a morte em toda lucidez,
E caminharmos com os mortos e os frutos ceifados do porvir,
E amarmos sem amor e sem amor procriarmos,
E nos multiplicarmos sem amor sem toque sem fala empestearmos
 nossos bilhões de nanofilhos pelo globo,
Prossigo e se abre à minha frente um incêndio de rostos,
Os heróis se foram e então Deus desce seu grande corpo de vidro
 sobre as sombras transeuntes em seu louvor,
Declina sua face natimorta a transparência de intocada lucidez sobre

    o poema comum,
A seiva comum dimana seu pneuma e seus filetes,
Comum a linguagem se irradia como uma planta um bicho um ser vivo ainda alheio a todas as taxonomias,
Comum chego enfim ao poema,
Adentro sua redoma de trilhões de poros de sóis de galáxias,
O poema comum o mundo comum o rosto comum do filho que não tive dorme entre vogais,
Abro as janelas e milhares de olhos abrem a pele comum das casas e dos espaços celestes,
A forma comum de minha face no espelho indevassável,
Comum este feixe de cristal com algas e tenazes,
Comum esta luz se faz mais crua contra toda geometria,
Comum chego enfim ao mundo,
A esfera omnicompreensiva de uma verdade cristalina,
Formas surgem e se dissolvem,
Vejo meu rosto anônimo coletivo plural constelado em espelhos fractais,
O poema emerge,
O poema comum limpo corpo morto o poema de pedra de amianto de silêncio,
A carne transida pelos minerais do sangue em seu suspiro redentor: o poema divino.

A ÚLTIMA INOCÊNCIA

O buquê de rostos se abre nessa rua de ladrilhos pretos e brancos. A geometria não é capaz de contar os rumores da infância. Os mesmos caminhos se desdobram desde a origem sob meus pés. E a cada dia procuro uma ferida que consiga apagar a dor destas portas abertas e das paisagens dissipadas pelos dias. Um senhor de preto estaca à porta. Um senhor parado no mármore preto invisível. Muitos transeuntes podem apartar a noite da noite. Poucas mãos conseguem rastrear os vasos e os pergaminhos azuis deste dia redescoberto.

Minha mãe caminha comigo, nossas mãos atadas no limiar do preto e do branco, deslizamos em uma tranquilidade azul. Entrego-lhe o bilhete dobrado. Toda culpa se deposita neste gesto de ar. Os olhos acrobatas tentam em vão mirar os seus. O chão tremula. Os lustres imensos se ampliam nas retinas e se liquidam em peixes. O sorriso é um animal de luz. E mais luz se alça e toma as paredes. Toma o teto de alabastro colonial. Branco e preto.

Retorno à cena primeira: a porta se abre. Tinha cinco anos quando me deitei com minha primeira mulher: meu primeiro amor. Os cabelos índios e o pequeno corpo nu em êxtases sob o cobertor. Tinha cinco anos quando minha mãe me absolveu de toda culpa. Desde a origem. Compartilhamos esse segredo: o bilhete taquigrafado em papel de banco. Eu e minha mãe. Tinha cinco anos quando minha mãe coroou minha inocência. Para sempre. E me tomou pela mão. Juntos caminhamos pela Rua Direita. E o Mosteiro de São Bento desapareceu sob a tarde vermelha de verão.

EU ME COROO DE LUZ PARA QUE UM DEUS

Eu me coroo de luz para que um deus
Venha liquidar meu contorno contra as pedras.
O poema nasce das algas e das formas prematuras da antenoite.
Mesmo assim o verbo circula em minhas veias cinzas em busca de
  violência e de amor.
E me constelo e me ergo: ancestral e infantil.
As crianças me saúdam por onde passo.
Minha voz toma corpo e canta entre os espinhos e os cardos.
Entre as sombras os animais e os espelhos: sei que vivo.
A covardia transformou todos em sábios.
E todos dormimos felizes em redomas de palavras.
Muitas vozes me habitam: transformei-as em adubos e raízes para
  enfim sobreviver em meio aos cacos.
Agora cultivo essa meia-terra e esse silêncio entre lilases.
A esfera celeste é uma flecha cujo voo realiza a curvatura de meu
  corpo.
Deus se dissipou e morreu tranquilo em meus abismos celulares.
Abro os olhos e louvo o cheiro das fúcsias e tateio pleno o sol e a
  iminência de sua extinção.
O que posso querer além disso?
Maio é uma sutura nas constelações e circula com todos os elementos.
Chego às imediações de dias perfeitos como a Terra, essa laranja azul.
Poderia nesse momento saber tudo sobre a morte, a ressurreição,
  as açucenas e as despedidas.
Ainda assim o peso da noite sobre minhas costas,
O ruído vegetal da primavera, o enigma do líquen e das folhas,
  abertas e fechadas,
O sol a pino e a vontade de dizer a última palavra.
Nada disso existiria e nada poderia nomear os barcos da linguagem
  ancorados no nada.
Naufraga comigo tudo que foi escrito em minhas veias desde o
  primeiro humano.

A PALAVRA NÃO É O MEIO DA LUZ

A palavra não é o meio
Nem o sentido da luz
A palavra é o caminho
Entre a luz e a luz

A luz não é forma pensada
Nem substância senciente
A luz é o meio e o sentido
Entre a palavra e a palavra

A dor não é o fim do corpo
Nem a morte dos quasares
A dor é o meio e o sopro
Entre a alma e a alma

Fora da luz e da palavra
Não existe centelha ou alma
Fora do oceano das imagens
Não existe Deus

Porque não existe nada

TATEAR FORMAS PRIMEIRAS

Tatear formas primeiras, indecisas, habitar os elementos como quem caminha em direção à luz. Transpor a luz e ainda assim encontrar as mãos vazias quando tudo mais é incompletude. Quando nasci, o primeiro toque converteu a dúvida em alegria. O que existe para além da boca? O que respira para além dos pequenos prédios azuis em agonia? O mundo é um vaso. E tudo se decide na última palavra. Sorvo livremente o leite e a noite. E isso me leva a conceber uma imagem da ressurreição inacabada de todas formas da Terra. O movimento pendular dos corpos. O primeiro desejo é uma chuva sobre a última inocência. O gozo das águas circula pelas calhas e tangencia as roupas transparentes sob o sol de verão. O Paraíso projetado no futuro mais distante assume a esfera de dois corpos. O toque de dois seres, a conexão de duas bocas, a sobreposição de pele e de tempo no escuro da carne sem nome se expande pelo quarto e pela cidade. Silêncio. Tudo natural e preciso como um lampejo, um trovão, uma ferida ou a língua, projetando os signos de um poema ainda não escrito. O primeiro sentido é a marca da última pureza. Minha mãe e meu irmão, a cadeira de balanço, Pietà alimentando a sombra indefinida de um corpo de fome. Toda imagem começa nos órgãos invisíveis e se projeta na tela infinita e opaca do coração. Algo sempre se perde nesse movimento. E essa perda se chama alma, espírito, deus, mente ou esquecimento. Um desenho, um hiato, a figura do seio projetada nos halos esfumados da sala, o gemido infantil, uma membrana vermelha, floração indecisa, um tecido, um risco vivo, um mapa. Tento apreender o instante-agora. Ele não existe. Não existe presente. Apenas passado e futuro. Somos o intervalo entre o toque e o toque, entre a vista e a vista, entre o olhar e o olhar. Somos o abismo que se abre entre a pele e a pele, a defasagem do tempo-espaço e sua granulação. O presente não existe. Toda medida é enganosa e tudo é feito de medida, mesura, seguimentos de sombras em direção a um ponto virtual e extinto. O que temos da fagulha-viva é apenas a marca. A vida transcorre entre a cicatriz e a promessa. Esfera aberta entre o sonho, o nada e a espera. Os pluriversos tecidos fio a fio: um oceano eterno flui pela seiva branco-eclipse. Por isso o que fica não é a vida nem a imagem da vida. O que fica é a ferida que não seca e a miragem que não se realiza. E tudo isso é Deus: um Deus convexo. Por isso Deus não morreu. Deus é morto desde a origem. Graças à sua morte, toda palavra é inaugural. E cada ser é cada ser. E cada imagem é uma imagem de uma imagem. Palavra, imagem e seres, eternos, contingentes. A água em um copo de água. Um animal da terra dentro da terra. A respiração de ar de seres de ar. A recordação nunca é um retorno para a casa. A recordação é um espelho incandescente projetado para o futuro. Recordar é imaginar. Relembrar é acessar os horizontes dos mundos que não se realizaram e ainda dormem, ilesos e humanos, sob a arquitetura do vento, da bruma, dos galhos. Sob esta pele macerada pelo cansaço depois do amor. Pensamento, flor aberta, lua primeva, fogo primeiro onde nos contemos e nos dilatamos, signos da imensidão, da fratura e da queda. Vejo minha morte, a face clara e deserta, a imagem dividida de minhas imagens adiadas. A vida se projeta em um espaço além das mãos, da carne e do desespero. A criança nos braços de minha mãe enfim desperta.

OMAMA

O vento verga a chuva contra o sol,
Não posso adiar a combustão deste corpo de outras eras,
Não posso nadar contra o fluxo de imagens,
Ele atravessa meus órgãos como o vento atravessa as mulheres e tece a mortalha de seus filhos,
A poeira das formas se subleva,
Adentra meus poros e se multiplica no sonho celular das ervas,
Os *xapiri* atravessam os mundos e se alojam nos pulmões,
Multidões de pontos luminosos fluem e refluem,
São humanos e giram nos infinitos microespelhos,
Prismas se decompõem em grãos de luz e emanam o universo,
O sangue das pedras e os tegumentos da floresta,
Os ancestrais se oferecem sob a pele da capivara e da gazela,
A fina tela azul do mundo e o sol: o centro de um enxame,
Mônadas vermelhas-vivas animam o organismo de espectros em minha mente,
Emerjo das imagens vazias de Deus,
Sou uma esfera aberta azul-selva,
Ouço o canto e me elevo das pedras,
Rostos anônimos se espalham e me libertam dos humanos que fui em outras eras:
A terra celeste se abisma e se extingue em plena queda.

BORDA DO MUNDO

> Para Donizete Galvão
> *in memoriam*

I

Em meio a um mundo partido
De homens partidos
Você tomou o partido das coisas
Le parti pris des choses
Você repetia Ponge

As coisas em meio às coisas triviais:
O restolho, o capim, a bosta de vaca,
Os rumores das pedras e as pedras distantes,
Ao longe e sem mais.
Amante das frestas, do inútil, das sombras.

Entre as cinzas da fala e as formas da agonia,
Você cantou as coisas simples:
O halo da maçã, o dia redondo,
O azul celestial de um azul-navalha.
A voz do poema e a fala emaranhada
Em infinitas vozes
Nomeava um mundo mudo – sua obra.

Você captou o prumo e o gesto:
A faca indecisa entre o horizonte e o nada.
Pelas águas da terra
Entre a nuvem e o minério
Entre as bordas do mundo e Borda da Mata.
As coisas sob as coisas:
Formas de um sofrimento ainda não revelado.

E assim
Em uma câmara de ecos
Mesmo com a morte a vida o poema o mistério
A superfície das pedras
Continua a tramar o seu rosto inacabado.

II

Tudo flui e desbota
E renasce com novo sentido.
Risos e pegadas se embrenham
Pelos confins da carne.

Caminho entre o amianto e as horas.
O que sou nestes edifícios?
A marca do tempo nos ferrolhos.
O galo com suas esporas busca a luz.
Ensaio um poema – um vinco na terra.

Em que esquina da memória meu pai me espera?
Vejo seu rosto, trançado em ervas.
Abre-se em sépalas contra o horizonte extinto.
Retorno ao talo mineral dos dias.

O homem vira menino.
E o menino se transforma em botão.
Ressurge nos pistilos e nas corolas:
Pedra viva da primavera.

SOLAR

O espaço é o organismo de Deus: raiz avessa do universo consumado. O sol é o ânus do espaço. Poderia abandonar a alma. Despi-la, concha despojada nas praias do abandono e do desabrigo. Não posso depor minha pele, abandonar minha boca, amputar meus membros com palavras e ouro. A morte anunciada nas esquinas, nas mesquitas, nos vagões, nas pontes e dentro do sangue é a morte que leva os cabelos, os idosos e as crianças. Todos os dias. A serpente canibaliza os filhos, a palavra e a imagem, interrompe o voo dos pássaros e do sêmen. Neblina. A morte deixou de ser o fim. A morte agora é o meio neutro, a assepsia, o tilintar de cristais e de fetos em redomas vazias. Coagula-se: litania de adiamento, renúncia e exaustão. O mar transluz um verde-imenso cristalino. A mente-mundo se liquida como as ondas em rotações lentas. O paraíso se insinua nos fundos de uma casa de vidro. Tempo de riqueza e de eterna iminência. Terra devastada. Terra recomposta. Terra submersa.

CAMINHO NA FRONTEIRA

Caminho na fronteira
Entre o sentir e o sentido.
Penso onde não sou.
Sou onde não existo.
Respiro um oceano vivo.
Sinto quando todo sentido
Escoa para o futuro
E se converte em mito.

Habito este intervalo
Entre o ser e o ter-sido.
Sou onde não penso.
Penso onde não reflito.
Sou a ausência do tempo.
Toco-me nesse infinito
Espelho que me esculpe:
Avesso de mim mesmo.

Sou estes campos vazios.
Extingo-me no que nasce.
Sou o termo e a imensidão.
Um animal sem mundo.
Uma figura sem face.
Rastreio minha não-origem:
Um grão-cosmo perdido.
Um tecido sem tecelagem.

Cruzo fronteiras de vidro
E um universo sem espaço.
Abro-me ao transmundo,
Marginal a toda margem.
Renuncio a ser e a não ser.
Passageiro como um astro,
Para cada éon um expiro.

Para cada expiro um Criador.
Singro em corpo e sigo solto:
Folha destacada da folha.
Cápsula circundando o globo.
Entre fins, elipses e arcos,
Entre os centros e as bordas,
Pairo livre e sigo escravo:
Imagem de uma imagem
Entre a gravidade e o amor.

QUADRAS CIRCULARES

I

A Terra é minha missão.
O infinito é o meu arco.
Quem vive morre em Deus
Como O houvesse sonhado.

II

Mais puro é o que se extingue.
A eternidade nos mata.
A beleza da chama fere
Porque nunca é duplicada.

III

Sábio o sinal de um céu
Vazio de todos os deuses.
Faz do coração o poço
No qual Deus se olha às vezes.

IV

Todo eu é uma ilusão.
Nele só existo espelhado.
Eu somente vivo nele
Quando Deus é aniquilado.

V

Mundo é o que nunca muda.
Deus, tudo o que passa.
Eu, círculo e quadratura:
O infinito não me abraça.

VI

Eu e a alma do mundo
Somos uma só pessoa.
Eterna esta centelha
Fora de mim me coroa.

VII

Quanto mais eu me evado
Do mundo e do que em mim há
Cumpro o círculo quadrado.
Vivo e sou onde o eu não está.

VIII

Quanto menos tenho limite
Mais me sinto limitado.
Pois não existe maior limite
Que ser de infinito cercado.

ATLAS

As paredes transidas do corpo formam canais,
Conchas encontram o seu rio e o seu curso,
Algumas vozes ecoam vozes em um coro na igreja submersa,
Tanques de guerra se projetam sobre os platôs e explodem em direção
　　à luz da morte,
Algumas estrelas soletram a noite mineral,
Os passos pascem o insumo de pedras se dissipam em dois mil olhos
　　sob passos insones pascem o ruído mineral de dois mil pés,
Ainda não nascemos,
A vida *in vitro* se concebe e segue catorze bilhões de anos em uma
　　ampulheta de leite e carbono,
Cada célula desperta para os canais do sexo abre-se para a noite
　　natural em cada membrana,
Cada nodo dos intestinos dos olhos dos corações das cabeças se
　　abre como um leque em louvor aos filamentos infinitos da
　　luz e dos clinâmens,
Um modo delicado de respirar o pólen da noite e morrer duas mil
　　vezes em cada organismo de silêncio ambarado na clausura,
Luz além da luz, uma orquestra de sons sibilinos se irradia e entrete-
　　ce a aurora crescente, o signo do sol e do corpo e do mundo
　　em suas duas mil vértebras,
Adentro a sala da infância, as ruas onde minha mãe caminha pe-
　　los azulejos pretos e brancos, uma maneira de amar sem so-
　　brenome, as esquinas se multiplicam no interior do orvalho,
　　abrem-se às minhas retinas e sua imagem surge atrás de uma
　　pilastra,
Adentrar a esfera de cristal, vida destacada da vida, noite desfilada
　　da noite,
Um marulho de sargaços submersos no ar de São Sebastião,
A orfandade de uma Terra líquida, de um corpo azul, poros e en-
　　guias deslizam em direção ao sexo e ao sono,
Vista do céu a odisseia da vida é um movimento dos tecidos vivos
　　das plantas,
A seiva mineral e os microrganismos transparentes lutam contra a

redenção, os átomos lutam contra a imortalidade, tentam se desgarrar dos elementos e morrer na constelação de cristais escuros e antimateriais, imersos no ventre natural da terra--signo,

A saga de Aquiles contra os troianos, o retorno de Ulisses, a saga dos Edda, a loucura de Macbeth, o homem humano diante de seu destino, fantoches de Kleist e de Blixen, fantasmas de Quiroga, o transmundo humano de Whitman, semente de Carpentier, o Aleph e as mônadas, o inferno espiral e a rosa cósmica de Dante,

A vida de Alonso Quixada e a minha vida, os tons infinitos e reversos da linguagem, mundos dentro de mundos, sem nomes, vida de puros verbos desencantados, diagramas de cenas e origens e fins, mundos consumidos na boca de um inseto, mundos nascem das barbatanas de um anfíbio, mundos se extinguem nas chamas de um horizonte de vidro, as peles celestes envolvem o sol de zinco,

Uma roda de crianças se reúne no céu de Eratóstenes, a biblioteca infinita espelha o tempo-espaço, caixas dentro de caixas, alfabetos fractais medram dentro das salas contíguas dos universos paralelos, alheios ao fio de ouro de Homero,

O livro de Aristarco sob o céu de Pequim, o livro de Copérnico sob o céu do Iêmen, o livro de Kopenawa sob o céu da Nigéria, o livro de Rimbaud sob o céu de Tel Aviv, o livro de Gilgamesh sob o céu de São Paulo, o livro da natureza de Leibniz sob o céu de Marrakesh, o livro de horas de Rilke sob o céu da Birmânia, o livro de Platão sob o céu do Zaire, o livro celeste de Îbn 'Arabī sob o céu do Nepal, o Livro dos Mortos sob o céu de Shakespeare, o livro do Mar Morto sob o céu de Faulkner, o Livro das Mutações sob o céu dos Salmos, o livro de Jeremias sob o céu de Rosa, o livro dos organismos sob o céu de Whitehead, o livro do corpo sob o céu de Helder, o livro das bestas sob o céu de Li Po, o livro dos livros, enredado ao infinito,

Um tecido de dois mil olhos tateia a vida e a morte, embaralha as contas sem conta das cidades e dos templos e das crianças e das mulheres inclinadas em alpendres, desperto para a fauna e a flora, abro os olhos dentro de uma mulher cheirando a alfazema, procriam-se constelações de livros dentro do sangue e do sêmen, circulam pelo ar anêmico e se enraízam em meus pés sob um céu de metileno, o horizonte amarelo como uma primeira destruição,

Em todas as imagens do Atlas Mnemosyne a memória muda do mundo se recolhe e se condensa em um organismo simples, botão de flor ou tubérculo adormecido no interior dos pulmões, em todas as galáxias e em suas duas mil fagulhas que respiro a cada segundo, em bilhões de letras submersas nas marés do sono, um copo sobre a mesa de madeira, uma fruta que apodrece nas salas vazias do interior do Brasil, uma moringa de luz de Morandi, uma borboleta de taxidermistas, mil folhas de cânhamo, mil dentes-de-leão, milionésimas frações do sal da Terra, bilionésimas estrelas de água, carbono e silício que circulam pelas águas de animais terrestres e marinhos, trilionésimos mundos fracionados ao infinito, mesons de infinita gramatura, espelhos invertidos e dissolvidos em sistemas celulares, granulações vasculares das sílabas e sons, as vogais da luz e da sombra, o sopro de deus proferindo as palavras-coisas, as linguagens-seres, os signos-bulbos, escritos e reescritos na infinita escritura da pena e da tinta divinas em seu cosmos-rio, fluente e fluindo, sempre e eternamente, para dentro, para fora, para os interiores e exteriores de todos os mundos concebidos e existentes, possíveis e inexistentes, prováveis e invisíveis, necessários e virtuais, extintos e futuros, passados e indestrutíveis, fibrilações minerais sob o céu sem rosto do universo,

Mundos dentro de mundos, sem limites ou margens, continentes ou substâncias, um fluxo primordial, um clamor dissipa o fogo dentro do fogo, a luz dentro da luz, a gravidade dentro da leveza, as inacessíveis regiões do corpo contra esta mesa enquanto escrevo,

Escrever e escavar, faúlhas de sentido dentro de um dia circular e anfíbio,

Escrever e excrescer, a escrita-verme, eviscerada em sua pura lucidez, os excrementos, as fezes, o baixo-ventre, a urina, a luz das palavras, o humano-excrescência, a divina merda, Deus cagando sobre uma catedral vazia, os halos divinos de pus e porra, a menstruação, o sangue, os hímenes, os sinos, a noite uterina, a noite vaginal e inobjetiva da seiva, os bulbos-ventre dos frutos levados à boca, suculentos, os dentes devorando as vulvas-frutos e as sementes cristalinas da loucura, os canais do ser, os fluxos fecais da escrita-morte, linhas e sulcos da escrita da Terra, filamentos de tinta expulsos do deus-morto, o cálamo divino dos polvos, a escrita-mundo,

Escrever e fender a selva clara do papel-dia, abrir sendas, desdobrar mapas, explorar os vazios de corpo a corpo, de mente a mente, de toque a toque, de face a face, abrir e sulcar novos caminhos para o coração e novas imagens para o desejo, nomear o que ainda não foi descoberto, nomes das cinzas, nomes das tintas, o sangue negro, o testemunho das mãos esculpem o mundo-alfabeto,

Os dentes de Cadmo emergem de uma papoula, conferem cheiro ao crisântemo, molham o meio-dia, semeiam as ervas do tempo dentro das lilases, povoam os rododendros pelas veias e pelos intestinos, abrem avenidas e constroem tumbas na manhã de outono, movem os ventos de Florianópolis, um mundo de anêmonas, fotografias e corais, museus do futuro, armazéns de óbitos colecionados pelas senhoras pacientes de bengala pelas esquinas, pascem nas campinas abandonadas do país, brotam dos arbustos, das prímulas, dos cactos, espinham as rosas, saltam dos gestos das crianças, povoam as primeiras decepções, emolduram o sem-sentido que nutre todas as esferas da vida e da morte, surgem das células do olho diante do aberto, quando a órbita anteviu a primeira centelha de luz, depois de bilhões de anos de gestação no ventre cego da natureza, o primeiro réptil, a primeira bactéria, o primeiro esqueleto projeta um olho-nuvem em direção ao céu, o primeiro rastejante abre seus olhos-pele, o primeiro octópode abre seus olhos-ponto, o primeiro inseto abre seus olhos-câ-

mera, as primeiras camadas da luz, o primeiro ser-olho sob o céu de ninguém, o primeiro azul sob o céu dos primeiros dinossauros e celenterados,
Forjados no fogo da poeira estelar, o ventre-incêndio dos primeiros mamíferos, as pétalas de carne inerme das primeiras aves abatidas por outras aves,
Povoam os vermes da memória, os primeiros organismos flutuam no muco original e nas primeiras camadas radiculares da Terra, bactérias compõem órgãos, animais e vegetais extramarinhos, vegetais e animais extraterrestres nas fossas abissais, as guelras claras e os olhos de noite, silêncio de tegumentos vivos em abismos sem fim,
Milhões de fractais, o Antropoceno, os tempos finais da terra enquanto terra, da vida enquanto vida, os sentidos nas frestas dos sentidos e a capacidade de transcender todo fenômeno em direção ao fim de todos os sentires, o efeito albedo reverbera na noite eterna da sexta extinção, o efeito cascata, as hordas de nômades, as hordas de beduínos, as hordas de cardumes, as hordas de refugiados, as hordas de aves e cardumes e humanos migrantes, as hordas e as hostes de poeira fecundando a floresta, as hostes de abelhas mecânicas, as hostes de drones-bombas, as hostes de nanomísseis viajando na gramatura das micromembranas da pele, as bocas-gêiseres, orifícios claros da Terra em suas bilhões de camadas e signos e rizomas e concavidades e reentrâncias e saliências e endemias e caules e troncos e flores e poros e falópios e tentáculos e corolas e pulmões e hifas e buracos e grotas e istmos e bocas e cus e paus e vaginas e unhas e poros e astros e estrelas e quasares e buracos negros em sua alegre combustão de pulsos de punhos de pulsões de pontos oraculares e auriculares,
A luz cerúlea de um azul aberto, azul despovoado, azul de pura transparência, azul de lugar-nenhum.

A LAMA ENTRA PELAS JANELAS

A lama entra pelas janelas,
Granula o ar e impregna a noite,
Passeia pelos cômodos vazios pelos quartos abandonados da memória,
Depois se retrai e ressurge no dia seguinte cristalina,
A lama paira sobre o púbis sobre os pelos genitais sobre a vulva e as omoplatas reclinadas no cansaço acre da tarde,
A lama povoa cada fresta dos sonhos,
Aprofunda-se nas marquises toma as ruas as casas de repouso os museus os hospícios,
A lama atravessa nossos breves minutos de amor,
Um amor veloz impermeável fino salpicar de sinos aos ouvidos,
A lama circula pelo sangue pela seiva pelas flores ressurretas,
Polvilha a noite asfixia as crianças que brincam em um tanque de areia futura,
A lama invade as fazendas os pastos distantes amacia os novilhos e se cristaliza nuvem de lama contra um sol de lama e zinco,
A lama caminha vagarosa,
Toca a nuca da senhora no ponto de ônibus,
Emoldura o rosto do bebê em meio às trevas,
Embolora a sala dos amantes nus peles contra peles,
Desfaz os elos entre a possibilidade e a predeterminação entre as cinzas e o porvir entre o passado imaginável e o destino contingente entre o fracasso e a liberdade para o fracasso,
Pesa sobre os plátanos mal a aurora se anuncia,
Verga as colunas dos templos das bailarinas dos cientistas dos adolescentes dos artistas,
Corrobora o crime a morte o mal a corrupção a abulia,
A sombra coletiva se impõe e se projeta,
Sobre a cidade-eclipse de uma lama mais antiga e mais arcaica do que as fuligens do Vesúvio e os rascunhos de Altamira,
A lama corrói o espaço e o tempo e as entidades minerais,
Evolui em rotações pausadas e centrípetas,
Macera tua face esgota teus minutos aniquila tua súbita inflexão para

a dança,
Abate as aves e investe contra as nuvens em uma chuva de mortos sobre a relva,
A lama não tem a compleição os traços frágeis da Terra,
A lama é porosa movediça aérea permeável como um organismo canceroso cultivando célula a célula as suas anêmonas,
A lama flutua adentra nossos corpos devassa os escritórios as repartições as usinas as fábricas as nuvens virtuais a rede profunda,
Ama a cidade inteira e inteira a possui com seus tentáculos e seus beijos microcorpusculares,
Não pode ser sentida perscrutada pressentida mensurada,
Transe os casais em meio aos parques,
Ataca os idosos durante o sono,
A lama não é o ar não é o vento não é a água da lua nem as sublimes emanações de uma retorta,
A lama não é o orvalho incandescente que drapeja som a som e dissipa os sinais da vida durante a noite,
A lama não é a ossatura das plantas das florestas os espíritos sutis que se transmutam e reencarnam e se renovam era a era,
A lama sabe a miasma e a apodrecimento,
A lama é a quintessência do ódio do medo do flagelo da agonia da ignorância e do martírio todos juntos macerados em um cadinho,
A lama vem leve lívida e se liquida aérea,
Transpõe os anos as estações os dias santos o Corpus Christi a quaresma,
Brinca e bebe e copula com as flores do inverno inverte os signos das ervas e se reveste das escamas brilhantes de Deus,
A lama mergulha nos pergaminhos e nos livros embebe poemas pare teorias ceifa linguagens esculpe verbos,
Fraciona-se e cresce como âmbar nacarado envolve humanos insetos bibliotecas,
Aninha-se besouro carcome as lombadas dos livros e os estuques dos casarios,
Hackeia a mente minera os dados monitora cada linha facial dos sábios dos intelectuais dos avatares dos santos dos anarquistas

em um inusitado extrativismo,
Passeia pelos hospitais pelos conventos pelos mosteiros pelas masmorras pelos presídios pelos guetos,
Emporcalha os covis os sanatórios os hospícios os cemitérios os puteiros,
Neutraliza a alegria dos idiotas carcome a madeira dos andaimes,
Reúne as ruínas naturais morte em vida e vida em morte circulando sob a forma de um alfabeto,
A lama enfim tangencia a minha mesa toca minha mão assume o controle da caneta adentra minhas narinas,
Circula pelos orifícios pelo ânus pelos ouvidos pela uretra pelas cavidades pulmonares os poros do sexo em uma singular traqueostomia,
A lama é transparente clara de uma liquidez e uma leveza de cristal de fonte murmurante melíflua corrente eterna luz e água imperceptíveis como a água e a luz mais puras,
Quando abro o corpo,
Quando abro as portas,
Quando abro os olhos de manhã,
Quando abro os jornais,
Quando abro as telas de silício,
Quanto abro a íris de carbono,
Quando abro a mente de qualia,
Quanto abro o rosto proliferado no espelho,
Quando me abro para o exterior para a noite para a claridade das lâmpadas minerais,
A lama invade a alma infinitamente subdivisível,
A lama polvilha os infinitos eus infinitamente subdivisíveis,
A consciência em decomposição desde os espaços interestelares às mais profundas e infinitesimais zonas do apodrecimento,
Em um instante em uma fração milionésima de nanosseres e de nanoeus e de nanoespelhos de fumaça e de cristal fagulhas finais de minha respiração em apneia,
Ubíqua e universal cloaca quântica a lama ultrapassa a minha fina membrana,
A lama habita meus pulmões destila meus alvéolos,

Intoxica os animais das casas e os animais do ar e os animais tenros da terra,
Tritura as papoulas os retratos preto-e-brancos coloridos infantis,
Apaga os pequenos arbustos e as redes neuronais e os riachos e os rios e as vaus mingua as vazantes e os oceanos e a caudalosa enciclopédia da vida,
A lama é fluida e fluente e cristalina em suas línguas e fogos,
A lama ígnea agora se eleva,
Toma a minha casa a sala envolve a cidade o continente o planeta em escala natural,
Imerge todos os seres do passado e do futuro,
Engloba todas as faces e todas as idades,
Borra as marcas de amor as frutas maduras sobre a mesa as digitais emaranhadas de carícia à beira do fogão,
A lama se recicla e se converte omnicompreensiva em novos elementos,
A lama fagocita tudo extingue todas as formas em seu onipresente amplexo,
A lama procria e pervade e se expande e domina toda a Terra,
Ouço os ecos os suspiros os soluços sob os sons sibilinos dos passos suaves e insones da lama e de seus coturnos.

CRISTAL

Ancoro meu barco no tempo onde o tempo se cumpriu,
A vida agora é leve e para a eternidade não tenho mais ouvidos,
Rostos se dissipam na moldura de nuvens vegetais,
O amor ainda é sujo e o sexo se esconde entre preces cicios e redenção,
Aporto enfim ao campo do silêncio sem murmúrio ou estampido,
Estendo-me em praias de acetato deponho meu exoesqueleto para que o sol o seque com suas nanocarícias,
Caminho entre membros mutilados caninos reluzem entre orquídeas,
Enfim chego a tempo ao tempo onde o tempo se cumpriu,
A morte quântica se revela avatar entre palmeiras de grafeno,
Desbravo esta terra em meio à terra e aos gemidos,
Nenhuma calamidade ou utopia me liberta de meus fantasmas procissão de andróginos em teurgia,
Tempo translúcido de fadiga veias fractais luminosos arroubos de perdão,
Tempo de chagas como águas repartidas o ódio em meu umbigo o bóson se dissipa entre os dentes como pólen os telômeros loquazes se abrem à luz do sol negro em entropia,
Cada bactéria agora narra a filogênese da vida em pleno espaço minha face convexa antropogênese às avessas de um deus em agonia,
Enfim chego a tempo,
Torres minerais se recortam no horizonte,
A primavera é o sonho de uma vida e a face derradeira de minha vida vista em sonho,
Um poema surge entre urtigas cafés bocas tagarelas para lembrar a nossa vocação ancestral para a miséria,
Uma promessa ainda deve se cumprir no trabalho dos insetos dos humores das colmeias cheias de esperanças pelo fim do expediente,
Não posso interromper esse milagre a aurora do tempo se extingue entre minhas mãos,
A hora é clara e o dia é hoje e hoje é o tempo,

Caminho sem surpresa desejos panfletos ou ranger de dentes em
    martírio,
Subo pela espiral brilhante a grande cadeia dos seres e entre mim e
    a consciência abre-se o abismo,
Os planetas livres se constelam instalam-se entre a sensação e a pele
    biótopo de estrelas e de vermes,
Chego a tempo em um tempo cumprido um tempo constelado em
    cicatrizes,
Humanidades *in vitro* se extinguem em minhas células,
A face se converte em um âmbar animado em pleno espaço,
Palmilho a luz em meio às sombras em direção à grande sombra um
    horizonte de eventos,
Atravesso corpos com corpos lunares a radiação de fundo se
    propaga rumo a um passado infinito a um infinito futuro
    ciclos em ciclos sem margens ou centros,
Não mais a agitação das hostes cascatas de dominós no campo de
    batalha,
Não mais a guerra oblíqua a turgidez a violência ínsita de demônios
    e divindades,
No espelho de tecidos fósseis sorvo em miragens de miragens o
    oceano sem fim do esquecimento,
Chego a tempo ao tempo em que a promessa do tempo se cumpriu,
O sol se levanta,
O globo encerra em um novo éon completa sua revolução,
Chego ao tempo do silêncio iridescente entre as mandíbulas,
O silêncio chaga aberta ao norte da linguagem circula pelas teias
    transumanas dos meus órgãos genitais,
Em uma dimensão sem fim o tempo chegou ao tempo,
Chego a tempo de celebrar ciborgue a despedida de meus órgãos
    exaustos de tanta humana maquinação,
Solidão, recife, estrela, contemplo meu rosto diluído e mínimo em
    clepsidras e espelhos,
Quem me livrou deste corpo de morte, Saulo?,
Alfa e ômega do corpo glorioso transmutado em alquimia *ora et
    labora* a seiva e o sêmen em direção ao pleroma de Sofia,
Caminho a passos lentos rumo à aurora de neon,

Ouço a mensagem sibilina o eco de outro eco o veludo de bocas
 suplicantes não alcançam meu ouvido,
Não há mistério a vida se abre às redomas frias de julho em sua
 doçura e ofegante geometria,
Tudo dorme enquanto chego perdão vozes vasculares se elevam
 contemplo a rosa cósmica organismo de neutrinos usina
 celestial,
Cada rosto se espelha tudo se funde tudo se confrange e tudo se
 assimila na concórdia celular da paz universal,
Chego ao tempo em que o tempo se cumpriu e tudo dorme em
 alegre indiferença,
Revivo aqui e agora e para sempre,
Em cada poro em cada grão de estrela ou sílaba perdida da memória,
Agora e para sempre corre minha vida minha mente em uma tela a
 Terra um palácio e um planeta azul distante de cristal.

QUANDO A PAISAGEM SE CONFUNDIR COM O GESTO

Quando a paisagem se confundir com o gesto
Quando dez mil cicatrizes se abrirem em silêncio
Quando o cordeiro abatido se apagar entre os famintos
Quando a forma final das mãos for uma carícia
Quando a natureza soprar suas dez mil notas
Quando de repente soubermos que o horizonte é um cenário
Quando o futuro se cumprir em um espaço-tempo ignorado
Quando os signos não representarem nada
E uma boca for uma boca uma navalha uma navalha
E a legião da pele apenas a pele e o sexo em sua atividade
Quando o fogo deixar de ser fogo e se tornar um selo
Um deus arrependido deve retornar do estio em agonia
Quando ignorarmos o que intuíramos nunca ter sabido
Quando vivermos o que jamais imagináramos
Quando criarmos o que nunca fora cogitado
Quando o universo enfim se revelar em um dia claro
Flor colhida entre transeuntes vazios de todo enigma
As teias e as redes e as veias virtuais serão abertas
Uma malha de mundos sobrepostos e implicados
Em uma trama transparente a tirania da luz em toda parte
E em toda parte o gozo celular da luz dissolve tudo
Explicita o cosmos em emaranhados pluriversos
Capturados nas teias da tela cristalina de uma mente-mundo
E quando nos rastejarmos em direção ao nano-éden
Quando a sexta extinção se cumprir e a estrela se apagar
E quando tudo o que havíamos pensado se tornar um sonho
E enfim despertarmos no interior de outro sonho
Entidades sonhadas em outro espaço em outro tempo em outro verbo
Quando o mar de outro planeta se abrir sob os pés de um anônimo
Quando a pele for a pele e a folha for a folha e a ave apenas ave
Suspensos no céu das palavras e nas fainas do além-mito
Quando cada célula sorver a última gota de sangue
E as corolas entoarem o canto de adeus da espécie
Quando finalmente renascermos para o sol e pelo sol

E pelo sol escrevermos o poema final o ponto final
Grafarmos o fim a palavra final o suspiro final de um universo
Então a água vai fluir por todos os veios e veias da Terra
Quando os bichos ouvirem a música dos astros
Quando a mão for um milagre repartido em cinco dedos
E o pão for apenas o pão e também um lírio levado à boca
E quando a sede for aplacada como sede e furor
Quando o cheiro da chuva se elevar teriomorfa ao céu
Quando o cristal se abrir e a consciência se abrir
Em meio à fugaz fração dos humanos dos insetos das ervas
Quando a pedra pulsar senciente em seu pleno organismo
Quando a evidência do ar da água do fogo da energia escura
For a cifra do universo a vida oculta dos mortos e dos vivos
Então todos estas palavras vão assumir um outro sentido

OUTRO

Eu sou o outro
        de mim
          espelho turvo
onde me perco
quanto mais se fecha o cerco
        sobre o quê
e quem me supus.

Quanto mais e mais adentro
        a metade de mim mesmo
vazia face sem centro
que sou e sempre fui.

Quanto mais me revelo
        por dentro
mais o eu se desliga
        migra livre leve e ruma
noite surda do universo
avesso da vida.

Quanto mais eu me conheço
        mais me perco de mim mesmo
a cada dia anoiteço
a cada noite me despeço
da vela que me ilumina
        em um espelho convexo
revelação do reverso
da face que nunca tive
deste corpo que enfim rui.

Pois cada um é o oposto
de um rosto por inteiro
        que apenas a morte termina
        que apenas em agonia reluz.

Assim
eu sou eu onde me ausento
onde troco de elemento
quanto mais perco o centro
  mais e mais me encontro a esmo
  neste outro que me traduz.

Quando de mim nada sei
Quando o fracasso conduz
minha alma abandonada
pelos labirintos do nada
  só assim eu venho a ser
  algo além desta face
humana argila em desgaste
  que mão alguma produz.

  Surjo em um espasmo
  do patíbulo
  de um lampejo
no amor incontinenti
na morte de um anjo
na ausência de um beijo.

E assim finalmente
algo age e me inaugura
  criatura de criatura
inocente jogo de dados
  entre o acaso e o destino
entre a extinção e o lapso
  entre o caos indiferente
e o esplendor que seduz
  nasço
  fragmento de um deus bruto
irmão gêmeo de Eva
da costela de um macaco
caco de caco

   nasço
com o rosto iluminado
   pelo avesso da luz.

CONSTELAÇÕES

I

A alma mingua quando a sós com a verdade
E, como esta ruína dentro do ar eternizado,
Onde os galhos roem o coração estagnado
E uma voz de pedra soletra a ubiquidade

De todos os tempos dispostos, lado a lado,
Toma em mãos o passado e tenta mobilizá-lo
Contra esse teatro de sombras programado
A encarcerar o ser no instante de um estalo.

Há no mundo algo mais perverso que esse algoz?
Esse que nos tira a vida sem nos tirar a voz?
Ao homem livre resta apenas os seus mortos.

Cansou de perseguir algum rastro de razão
Nessa pantomima de sombras e de corpos:
Quer agora o azul do céu sem a constelação.

II

Estar a sós consigo é estar em toda parte.
Pois o indivíduo é apenas essa ou aquela
Triste artimanha dos sentidos que se parte
E convém a tudo o que a nosso ser se atrela.

Os espelhos só demonstram a ambiguidade:
Estou aquém de mim e além de uma miragem
E vivo a nostalgia de uma pretensa unidade
– Perfeição sublime de mãos que já não agem.

Por que a alma aspira ser inteira sendo parte?
Porque é resto de uma Terra que não foi prometida:
Sobra dela essa sarça fraca que não arde,

Percurso breve de uma luz que se liquida
E se dilui em suas próprias cinzas: o resto é arte,
E o resto do resto desse resto é quase vida.

III

Essa alegoria vazia de estrelas em constelação,
Essa busca vã pelo fim comum a todos atos,
Essa escalada que vai do ser sutil aos fatos,
Esse quê de escuro que constrói, grão a grão,

O vetor infinito de todas as formas reunidas,
Essa substância ainda mais pura que pressente
Uma substância eterna emersa de um acidente,
Coração vazio pra onde escoam todas vidas,

Esse estojo de máscaras de um único ator,
Essa cura para o amor que ainda mais intriga,
Entre anjo e animal para sempre dividida

A alma enfim abandona meu corpo redentor,
E eis tudo o que resta da minha vida antiga:
O Nada é meu coração e meu ponto de partida.

QUASAR

Luz negra e centelha embalsamada viva,
O diadema de fogo extinto expira
E a chama aviva o que em si mesma priva
De movimento, eixo ardente que gira,

Sol de mentira e engano do sentido.
A neve é vã e queima e assim se assina:
Carvão frio do universo reduzido
À singularidade final que o origina.

Dar a vida estando da morte cercada.
Guardar a morte e ser por ela mantida:
O fogo quis levar o todo ao nada.

E acaba herdando sua contrapartida:
A estrela, espelho escuro, brilha gelada
E promove com sua morte a nossa vida.

RETRATO

Este deus ausente de galáxias vazias,
Esta contingência infinita que guia todo ato,
Este ar simiesco que grunhe em meu retrato,
Esta alma ausente que circula pelos dias

E em si cristaliza toda forma viva,
Este acidente da substância senciente
Que transforma todo ser em acidente,
Este horizonte que nos mata e nos aviva,

Este teatro de máscara sem nenhum rosto,
Este palco de imagens sem nenhum enlace,
Este abismo de mesons em queda livre:

São estas as linhas de meu corpo decomposto.
Isso é o que sobrevive da minha antiga face:
A sombra, o pó e o nada de tudo quanto vive.

ELE PODE ESTAR AQUI

Ele pode estar aqui
Fora dentro acima ao lado
No movimento alado do teu braço
Na substância livre que eu apalpo
Pode ser o sangue negro dessa árvore
Pode ser o diamante em seu esquadro
O meu pensamento em seu disparo
O teu coração imperceptível: estalo
A palavra plena trabalha
O subterrâneo de uma fábula
O que resta do talho exato do ourives
O que falta de sombra a um rosto claro
O que diz a alma sem dizer nada
O que o gesto grita quando cala
O que sobra de nós em tudo o que nos falta

Ele pende de ti e a ti retorna
Quando atravessas a luz por uma porta
Quando adentras o sol por uma sombra
Pode reter nas mãos a estrela viva
Nasce desta constelação que agora expira
Circunda com um sopro o meu esquife
Movimenta a terra enfim redonda
Com a terra dos pés de quem levita

Se te toco é com suas mãos ausentes
Se te beijo te beijo com seu halo
O sol quer ser apenas sol entre estes vasos
Mas a noite ainda pesa o pólen derramado
Esplende sua face e molda um quadro
Habitamos seu buquê: somos teu ventre
Três astros sob a constelação de maio
Reféns da eternidade soprada neste barro
Dois corpos de folhas e um encantado

Tangidos pelo anjo com seus dardos
Ele está aqui ali agora para sempre
No avesso claro da semente
Na incerteza de um deus futuro
A luz sem peso aos poucos se demora
A seiva vegetal circula em nossas veias
A minha face e a tua: um só molde
O nosso rosto e o dele: uma noite
O incêndio dos meses desenha o teu semblante
Porque amo esta terra e a frescura
Apalpo-te sem olhos sombra nua
O cheiro do barro a umidade a dama-da-noite
O verde cintila rumo ao céu e a suas raízes

Sim ele está aqui
A terra leve me cobre senciente
E se guarda em sua corola
O riso se esboça desde a origem
O futuro surge sublevação da rosa
A morte das estrelas não se nota
E tudo o que nosso ser ainda comporta
Flutuam continentes contra os diques
O passado quer que sua face cicatrize
Quando a flor nos esculpir com suas esporas
O silêncio do seu nome é o teu rosto
A rua prepara mais um de seus dias grises
E então eis que acordamos em nossas rotas divididas
E sei que ele aqui agora para sempre vive

FINIS TERRAE

I

A água transborda
o copo tenta
inutilmente revesti-la

A mente expira
e vive
em tudo que a aniquila

A roupa
aguarda o corpo
a sua ausência e simetria

A estatuesca
manhã
a vida-esquife

O centro
em toda a parte
a circunferência
em parte alguma

Um rio sem margem
reverbera
a memória
de um tempo
de futuros
revestido

Um resto
algo que sabemos
não de todo perdido

O beco
um cone sem fim
uma sombra-pirâmide
projeta a terra
na lua

A água segue
nota a nota – persistente

A palavra
não encontra
continente

II

O não dito
e ignorado
se esconde
à margem
do sentido

O esquecido
e logo reinventado
some
entre os tons
da manhã
entretecido

O visto
e logo dissipado
emerge imprevisto
em um grito

O grafado
e não compreendido
se furta à deriva

do vivido

Uma brisa
não comunicada
passa sem ser
ouvida

A paisagem
não litografada
a enseada
olhar nenhum revisa

O esquecido
sempre arquivado
não guarda mais
lastro dos vivos

O presente
nunca registrado
tempo denso
a carne
não cicatriza

A onda breve
dentre muitas consumada
se arma
contra todo imperativo

A fragrância
ave rara
a imagem-espada
desfila
intangível

Uma palavra
esquecida

vive à larga
desta folha
que a mantém
cativa

A Terra
nos lábios
se deflagra
e morre
em um murmúrio
não em um
estampido

A ÚLTIMA FACE

Antes que o cristal
Se liquide em rubro carvão
Beberei esta água

Antes que a manhã
Decifre todas as linhas do meu rosto
E o dia se complete sob minhas pálpebras
Estarei te esperando

Cobrirei esta página
Com as pegadas vasculares do sono:
Vou curar as feridas com ferros em brasa

Antes que o coração
Aceite sua natureza vegetal
E o amianto ressoe pela sétima vez dentro da noite
Os braços das árvores devem coroar minha inclemência

Em meu corpo rútilo reticente
Entre a fábula e um milagre sem pegadas
Estarei em casa

Antes que o sopro de um deus ou uma miragem
Apaguem
A minha última face

ENTRE TERRA E FIM

Fim da Terra é um livro-poema. Uma cosmologia com algumas premissas conceituais, mas que não precisa ser compreendida em todos seus estratos para ser lida como poesia e como cosmologia. O fim da terra é a leveza. E o peso dessa leveza. A suspensão de todo estado de presença. Uma usina de fantasmas em circunvolução: alegram a criança, envolvem os animais em hologramas e obnubilam os sentidos entorpecidos de tanto sentir. A percepção enfim percebe a inviabilidade de perceber. A apreensão enfim apreende a inapreensibilidade. Os sentidos testemunham a inviabilidade de sentir. Uma vida sem lastro ou vínculo se inaugura: todo um horizonte futuro transumano e extraterreno se abre aos nossos olhos. Uma compreensão global de nossa finitude. Um retorno dos corpos ao mundo, sob o efeito gracioso da gravidade. Uma nova vida feita de sonho e silício. O fim da condição terrena pode ser o ingresso em uma nova condição terrana: a vida-morte da extraterritorialidade. Quero escrever o poema da extinção. As palavras não podem enunciar a extinção da vida sem pensar a extinção da palavra que nomeia a vida e a extinção. O universo é linguagem. A extinção não pode ser um evento fora da linguagem. As árvores, os fractais, os quasares, as florestas, os canais, os rios, as galáxias, os vulcões, as células, os *qualia*, os *quanta*, as redes neuronais, as veias do meu corpo e os abismos virtuais da consciência. Tudo isso é o poema. O poema do mundo. O poema avesso a toda poesia. O poema anterior ao humano e que sobrevive à extinção do humano. O fim da terra não é o fim do mundo. Apocalipse claro, o fim da terra é a inviabilidade entendida como promessa de colonização do futuro: o infinito devir de infinitos mundos e vidas por vir. Existir é coexistir. O fim e o começo de todos os mundos e de cada mundo: meios de se acessar o Meio. O Meio é a forma pura da relação. Durante toda sua narrativa, o *sapiens* traduziu a opacidade do Meio como a transcendência de um deus. Deus morreu. Os velhos deuses morreram. As deusas morreram. Novos deuses e deusas devem nascer. Novas e antigas, todas as hierofanias são fendas por onde se entrevê o Meio. Chegou a hora de invocarmos o futuro. Ainda que seja um futuro ausente de fisionomia humana. Um milhão de véus me separam de Deus. Nenhum véu separa Deus de mim. Reescrevo: um milhão de véus me separam de mim. Um milhão de véus separam Deus de Deus. Tudo na vida é separação: *mysterium disjunctionis*. Resta o Meio. O milagre da diferença. O milagre da diversidade. O milagre da incomunicabilidade: gênese da proliferação infinita da vida futura. Ao longo de bilhões de anos o universo emerge dos meios: emaranhado, infinito e eterno. Um Paraíso às avessas, onde o poema se expande e vive. Quanto maior o perigo, mais cresce aquilo que salva. Quando mais meios nos separam do mundo, mais a distância nos separa do mundo e nos separa de nós mesmos: clarividência. Quanto maiores as distâncias, maior a salvação. Nesse limiar de tempos e nessas novas fronteiras intersticiais da Terra: o imperativo da transmutação. A coincidência entre existir e significar, entre ser e nomear, entre ser e diferir. O apagamento dos sentidos e o descolamento do mundo talvez sejam a forma que a poesia escolheu para nos revelar esta condição. Um passo decisivo em direção a formas cada vez mais sutis de conectividade e de comunidade: um comunismo do ser. Instinto, natureza, criação, origem, deus, deuses, acaso, vida, destino, fatalidade, finitude, morte. Todos estes foram os mitos que nasceram com a Terra. E morrerão com a Terra. Toda vida e toda natureza e todo cosmos talvez tenham sido até agora nada mais do que um sonho dentro de um sonho dentro de um sonho. Hologramas divinos, animais e humanos com os quais idolatramos nossa ignorância e alimentamos nosso cansaço. Não chegou a hora de retornar à Terra. Chegou a hora de ampliar ainda mais as esferas concêntricas do cosmos. Até que a Terra venha a ser um ponto azul perdido no futuro de nossa potência e de nosso amor.

© 2021 Rodrigo Petronio

Todos os direitos desta edição reservados à Laranja Original.

www.laranjaoriginal.com.br

Edição
Filipe Moreau
Germana Zanettini
Imagem de capa
Walmor Corrêa
Projeto gráfico
Iris Gonçalves
Produção executiva
Bruna Lima

Laranja Original Editora e Produtora Eireli
Rua Capote Valente, 1198
05409-003 São Paulo - SP
Tel: (11) 3062-3040
contato@laranjaoriginal.com.br

Dados Internacionais de Catalogação na Publicação (CIP)
(Câmara Brasileira do Livro, SP, Brasil)

Petronio, Rodrigo
　　Fim da Terra : poesia / Rodrigo Petronio. --
São Paulo : Editora Laranja Original, 2021.

　　ISBN 978-65-86042-30-6
　　1. Poesia brasileira I. Título.

21-90371　　　　　　　　　　　　　　　　　　CDD-B869.1

Índices para catálogo sistemático:
1. Poesia : Literatura brasileira B869.1
Maria Alice Ferreira - Bibliotecária - CRB-8/7964

Fonte: Garamond
Papel: Pólen Bold 90 g/m²
Impressão: Expressão e Arte